# "Transforme Sua Carreira com Inteligência Artificial: Guia Completo para Dominar a IA!"

## Introdução

A introdução apresenta a relevância da Inteligência Artificial (IA) no cenário atual e a crescente demanda por profissionais qualificados na área. Explica o propósito do livro, que é fornecer um guia detalhado e prático para ajudar os leitores a se tornarem especialistas em IA, abordando desde os conceitos iniciais até aplicações avançadas.

## Indice

- **Capítulo 1 :** Fundamentos da Inteligência Artificial.................................................2
- **Capítulo 2 :** Fundamentos do Aprendizado de Máquina.......................................5
- **Capítulo 3 :** Redes Neurais e Deep Learning..........................................................9
- **Capítulo 4 :** Algoritmos de Machine Learning......................................................13
- **Capítulo 5 :** Aplicações Avançadas de Inteligência Artificial................................18
- **Capítulo 6 :** Ferramentas e Tecnologias de IA......................................................21
- **Capítulo 7 :** Implementação e Gerenciamento de Modelos de IA em Produção.. 28
- **Capítulo 8 :** Ética e Responsabilidade na Inteligência Artificial.......................... 33
- **Capítulo 9 :** Estudo de Caso – Implementações de IA no Mundo real.................35
- **Capítulo 10:** Tendências Futuras na Inteligência Artificial...................................40
- **Conclusão -** A conclusão resume os principais pontos abordados no livro e oferece uma perspectiva sobre o futuro da IA. Encoraja os leitores a continuarem sua jornada de aprendizado e a aplicar os conhecimentos adquiridos para contribuir com a inovação e o avanço da tecnologia.

# Capítulo 1: Fundamentos da Inteligência Artificial

## O que é Inteligência Artificial?

Inteligência Artificial (IA) é um campo da ciência da computação que busca criar sistemas capazes de realizar tarefas que, quando realizadas por humanos, requerem inteligência. Isso inclui tarefas como reconhecimento de fala, aprendizado, planejamento e resolução de problemas. A IA pode ser dividida em duas categorias principais:

1. **IA Fraca (ou IA Narrow)**: Projetada e treinada para uma tarefa específica, como assistentes virtuais (ex: Siri, Alexa) e sistemas de recomendação (ex: Netflix, Amazon).
2. **IA Forte (ou IA General)**: Teoricamente, essa IA teria a capacidade de entender, aprender e aplicar o conhecimento em diversas tarefas, semelhante a um ser humano. Esta forma de IA ainda é um conceito teórico e não foi realizada.

## História da IA

A ideia de criar máquinas inteligentes tem suas raízes na antiguidade, mas o campo moderno da IA foi formalmente fundado em 1956, durante a conferência de Dartmouth. Desde então, a IA passou por várias fases de entusiasmo e decepção, conhecidas como "verões" e "invernos" da IA.

**Exemplo Prático**: No início dos anos 2000, o projeto Watson da IBM marcou um grande avanço. Watson venceu o jogo de perguntas e respostas "Jeopardy!" contra campeões humanos, demonstrando capacidades avançadas de processamento de linguagem natural e aprendizado de máquina.

## Como a IA Funciona?

A IA funciona através de algoritmos, que são instruções passo a passo que dizem ao computador como resolver um problema. Esses algoritmos são alimentados com grandes quantidades de dados, o que permite que a IA "aprenda" e melhore suas respostas ao longo do tempo.

**Exemplo Prático**: Um exemplo comum de IA é o reconhecimento de imagem. Um algoritmo de IA é treinado com milhares de imagens de gatos e aprende a identificar as características que diferenciam um gato de outras imagens. Após o treinamento, o algoritmo pode identificar gatos em novas imagens com alta precisão.

## Tipos de IA

Existem várias abordagens e técnicas dentro da IA:

1. **Machine Learning (Aprendizado de Máquina)**: Subcampo da IA focado no desenvolvimento de algoritmos que permitem aos computadores aprender a partir de dados. Existem três tipos principais:
    - **Supervisionado**: O algoritmo é treinado com dados rotulados (ex: imagens de gatos com a etiqueta "gato").
    - **Não Supervisionado**: O algoritmo encontra padrões e estruturas nos dados sem rótulos predefinidos.

- **Reforço**: O algoritmo aprende através de tentativa e erro, recebendo recompensas ou punições baseadas em suas ações.
2. **Redes Neurais**: Inspiradas na estrutura do cérebro humano, essas redes consistem em camadas de neurônios artificiais que processam dados e aprendem a realizar tarefas específicas.
3. **Processamento de Linguagem Natural (NLP)**: Focado na interação entre computadores e linguagem humana, permitindo que máquinas compreendam e respondam a comandos em linguagem natural.

## Aplicações da IA

A IA tem inúmeras aplicações práticas que impactam diversos setores:

- **Saúde**: Diagnóstico de doenças através de imagens médicas, previsão de surtos epidemiológicos e assistência em cirurgias.
- **Finanças**: Análise de fraudes, negociações automatizadas e gestão de portfólios de investimentos.
- **Transporte**: Carros autônomos, otimização de rotas e manutenção preditiva de veículos.
- **Entretenimento**: Recomendações personalizadas de filmes, músicas e jogos.

**Exemplo Prático**: A IA na saúde tem revolucionado o diagnóstico por imagem. Algoritmos treinados com milhares de radiografias conseguem detectar doenças como câncer de mama com uma precisão muitas vezes superior à dos radiologistas humanos.

## Desafios e Considerações Éticas

Embora a IA ofereça muitos benefícios, também levanta questões éticas e desafios:

- **Privacidade**: A coleta e uso de grandes quantidades de dados pessoais levantam preocupações sobre privacidade.
- **Desemprego**: A automação de tarefas pode levar à substituição de trabalhadores humanos em várias indústrias.
- **Viés Algorítmico**: Algoritmos de IA podem perpetuar ou até amplificar vieses existentes nos dados de treinamento.

**Exemplo Prático**: Em 2018, foi descoberto que um algoritmo de recrutamento da Amazon tinha um viés contra candidatas mulheres. Isso ocorreu porque o algoritmo foi treinado com currículos de candidatos predominantemente masculinos.

## Conclusão

A Inteligência Artificial é uma área fascinante e em rápido desenvolvimento, com o potencial de transformar quase todos os aspectos da sociedade. No entanto, é crucial abordar suas aplicações com responsabilidade e consideração ética. Nos próximos capítulos, exploraremos mais a fundo as diferentes técnicas de IA e como você pode aplicá-las na prática para se tornar um especialista.

# Capítulo 2: Fundamentos do Aprendizado de Máquina

## Introdução ao Aprendizado de Máquina

O Aprendizado de Máquina (Machine Learning - ML) é um subcampo da Inteligência Artificial focado no desenvolvimento de algoritmos que permitem que sistemas computacionais aprendam com dados. Diferente da programação tradicional, onde regras explícitas são codificadas para cada tarefa, o ML capacita sistemas a identificar padrões e tomar decisões com base em exemplos fornecidos.

## Tipos de Aprendizado de Máquina

Existem três principais tipos de aprendizado de máquina, cada um com suas características e aplicações específicas:

1. **Aprendizado Supervisionado:**
   - **Definição:** O algoritmo é treinado com um conjunto de dados rotulados, onde cada entrada tem uma saída conhecida.
   - **Exemplos:** Classificação de e-mails em spam e não spam, reconhecimento de imagens (ex: identificar gatos em fotos).
   - **Algoritmos Comuns:** Regressão linear, árvores de decisão, máquinas de vetor de suporte (SVMs).
2. **Aprendizado Não Supervisionado:**
   - **Definição:** O algoritmo é treinado com dados não rotulados e deve identificar padrões ou estruturas nos dados por conta própria.
   - **Exemplos:** Agrupamento de clientes com base em comportamentos de compra, compressão de dados.
   - **Algoritmos Comuns:** K-means, análise de componentes principais (PCA), redes neurais autoencodificadoras.
3. **Aprendizado por Reforço:**
   - **Definição:** O algoritmo aprende interagindo com um ambiente, recebendo recompensas ou punições com base nas ações que realiza.
   - **Exemplos:** Jogos de vídeo onde o agente aprende estratégias vencedoras, controle de robôs.
   - **Algoritmos Comuns:** Q-learning, redes neurais profundas de reforço (DQN).

## Processos de Aprendizado de Máquina

O desenvolvimento de um modelo de aprendizado de máquina envolve várias etapas, desde a coleta de dados até a avaliação do modelo:

1. **Coleta de Dados:** Obter um conjunto de dados relevante e de qualidade é crucial. Dados incompletos ou incorretos podem levar a modelos imprecisos.

   **Exemplo Prático:** Para treinar um modelo de reconhecimento de voz, são necessários milhares de horas de gravações de voz com transcrições precisas.

2. **Pré-processamento de Dados:** Inclui limpeza, normalização e transformação dos dados. Pode envolver a remoção de outliers, preenchimento de valores ausentes e conversão de dados categóricos em numéricos.

**Exemplo Prático**: Em um conjunto de dados de previsão de vendas, valores ausentes podem ser preenchidos com a média das vendas para evitar distorções no modelo.

3. **Divisão do Conjunto de Dados**: Separar os dados em conjuntos de treino, validação e teste. O conjunto de treino é usado para treinar o modelo, a validação para ajustar hiperparâmetros, e o teste para avaliar a performance final.

   **Exemplo Prático**: Em um conjunto de dados de 10.000 registros, pode-se dividir 70% para treino, 15% para validação e 15% para teste.

4. **Escolha do Modelo**: Selecionar o algoritmo apropriado para a tarefa específica. A escolha pode ser baseada na natureza dos dados e na complexidade da tarefa.

   **Exemplo Prático**: Para prever preços de imóveis, um modelo de regressão linear pode ser adequado devido à sua simplicidade e interpretabilidade.

5. **Treinamento do Modelo**: O processo de alimentar o algoritmo com dados de treino para que ele possa aprender os padrões subjacentes.

   **Exemplo Prático**: Durante o treinamento de um modelo de classificação de imagens, o algoritmo ajusta seus parâmetros para minimizar a diferença entre as previsões e os rótulos reais.

6. **Avaliação do Modelo**: Medir a performance do modelo usando métricas apropriadas, como acurácia, precisão, recall e F1-score.

   **Exemplo Prático**: Para um modelo de detecção de fraude, pode-se usar a matriz de confusão para avaliar quantos casos de fraude foram corretamente identificados versus os falsos positivos.

7. **Ajuste de Hiperparâmetros**: Refinar os parâmetros do modelo para melhorar sua performance. Isso pode ser feito através de técnicas como busca em grade ou otimização bayesiana.

   **Exemplo Prático**: Ajustar a profundidade de uma árvore de decisão ou o número de neurônios em uma camada oculta de uma rede neural.

## Ferramentas e Bibliotecas Comuns

Existem diversas ferramentas e bibliotecas populares que facilitam a implementação de algoritmos de aprendizado de máquina:

- **Scikit-learn**: Biblioteca em Python que oferece uma ampla gama de algoritmos de ML, fácil de usar e bem documentada.
- **TensorFlow e Keras**: Bibliotecas de código aberto para construção e treinamento de redes neurais profundas.
- **PyTorch**: Outra biblioteca popular para deep learning, conhecida por sua flexibilidade e facilidade de uso.

## Exemplo Prático: Reconhecimento de Dígitos Manuscritos

Vamos considerar um exemplo prático utilizando a base de dados MNIST, que contém imagens de dígitos manuscritos (0-9). Usaremos um modelo de rede neural simples para classificar essas imagens.

1. **Coleta e Pré-processamento de Dados**:
   - Carregar as imagens e seus rótulos.
   - Normalizar os pixels das imagens para o intervalo [0,1].
2. **Divisão do Conjunto de Dados**:
   - Dividir em conjuntos de treino e teste.
3. **Escolha do Modelo**:
   - Utilizar uma rede neural densa com uma camada oculta.
4. **Treinamento do Modelo**:
   - Treinar o modelo com os dados de treino.
5. **Avaliação do Modelo**:
   - Avaliar a acurácia no conjunto de teste.

```python
import tensorflow as tf
from tensorflow.keras import layers, models
from tensorflow.keras.datasets import mnist

# Carregar e pré-processar os dados
(train_images, train_labels), (test_images, test_labels) = mnist.load_data()
train_images = train_images / 255.0
test_images = test_images / 255.0

# Definir o modelo
model = models.Sequential([
    layers.Flatten(input_shape=(28, 28)),
    layers.Dense(128, activation='relu'),
    layers.Dense(10, activation='softmax')
])

# Compilar o modelo
model.compile(optimizer='adam',
              loss='sparse_categorical_crossentropy',
              metrics=['accuracy'])

# Treinar o modelo
model.fit(train_images, train_labels, epochs=5)

# Avaliar o modelo
test_loss, test_acc = model.evaluate(test_images, test_labels)
print('\nTest accuracy:', test_acc)
```

Neste exemplo, utilizamos uma rede neural simples para classificar dígitos manuscritos com alta acurácia. Este é apenas um exemplo introdutório, mas ilustra o poder do aprendizado de máquina na resolução de problemas complexos.

**Conclusão**

O aprendizado de máquina é uma ferramenta poderosa que permite que computadores aprendam a partir de dados e realizem tarefas complexas. Com uma variedade de técnicas e algoritmos à disposição, é possível resolver problemas em diversas áreas, desde saúde até finanças. Nos próximos capítulos, exploraremos técnicas mais avançadas e suas aplicações práticas, aprofundando nosso entendimento sobre como se tornar um especialista em IA.

# Capítulo 3: Redes Neurais e Deep Learning

## Introdução às Redes Neurais

Redes neurais são a espinha dorsal do aprendizado profundo (Deep Learning) e foram inspiradas pela estrutura e funcionamento do cérebro humano. Uma rede neural consiste em uma série de neurônios artificiais organizados em camadas. Cada neurônio recebe entradas, realiza cálculos baseados em pesos e bias, e produz uma saída que é passada para neurônios da próxima camada.

**Exemplo Prático**: Um exemplo clássico de rede neural é o Perceptron, que é a unidade básica de uma rede neural. Ele pode ser usado para resolver problemas simples de classificação binária.

## Estrutura de uma Rede Neural

1. **Camada de Entrada**: Recebe os dados brutos que serão processados.
2. **Camadas Ocultas**: Realizam transformações e extraem características dos dados de entrada. O número de camadas ocultas e neurônios por camada podem variar.
3. **Camada de Saída**: Produz a predição final do modelo.

**Exemplo Prático**: Para um problema de reconhecimento de dígitos manuscritos (como MNIST), a camada de entrada pode ter 784 neurônios (28x28 pixels), várias camadas ocultas com neurônios, e a camada de saída terá 10 neurônios (um para cada dígito de 0 a 9).

## Deep Learning

Deep Learning refere-se a redes neurais com múltiplas camadas ocultas, permitindo a modelagem de dados com alto nível de abstração. Essa abordagem se tornou viável graças ao aumento do poder computacional e à disponibilidade de grandes conjuntos de dados.

**Exemplo Prático**: Redes Neurais Convolucionais (CNNs) são um tipo de rede usada extensivamente em tarefas de visão computacional, como reconhecimento de objetos em imagens.

## Tipos de Redes Neurais

1. **Redes Neurais Convolucionais (CNNs)**:
   - **Uso**: Principalmente em tarefas de visão computacional.
   - **Estrutura**: Composta por camadas de convolução e pooling que extraem e reduzem características de imagens.
   - **Exemplo Prático**: CNNs são usadas em sistemas de reconhecimento facial, como os encontrados em smartphones.
2. **Redes Neurais Recorrentes (RNNs)**:
   - **Uso**: Tarefas de séries temporais e processamento de linguagem natural.
   - **Estrutura**: Neurônios conectados em um ciclo, permitindo a retenção de informações ao longo do tempo.

- **Exemplo Prático**: RNNs são usadas em tradução automática e análise de sentimentos.
3. **Redes Neurais de Longa Memória de Curto Prazo (LSTM)**:
    - **Uso**: Melhoram RNNs ao lidar com dependências de longo prazo.
    - **Estrutura**: Incluem células de memória que regulam o fluxo de informações.
    - **Exemplo Prático**: LSTMs são usadas em previsões de séries temporais, como previsões de mercado financeiro.

## Treinamento de Redes Neurais

Treinar uma rede neural envolve ajustar os pesos dos neurônios para minimizar o erro entre as predições do modelo e os valores reais. Isso é feito através de um processo iterativo que utiliza algoritmos como o Gradient Descent.

1. **Forward Propagation**: O cálculo das saídas dos neurônios de cada camada, até a camada de saída.
2. **Cálculo do Erro**: Medir a diferença entre a saída predita e a saída real usando uma função de perda (como o erro quadrático médio para regressão ou a entropia cruzada para classificação).
3. **Backward Propagation**: O ajuste dos pesos baseado no gradiente do erro em relação a cada peso, usando a regra da cadeia para calcular os gradientes.

**Exemplo Prático**: Em um modelo de reconhecimento de imagem, o erro é calculado como a diferença entre a predição (ex: "gato") e a etiqueta real (ex: "cachorro"). O backpropagation ajusta os pesos para reduzir esse erro nas próximas iterações.

## Ferramentas e Bibliotecas

Várias bibliotecas e frameworks facilitam a construção e o treinamento de redes neurais:

- **TensorFlow e Keras**: Fornecem APIs de alto nível para a construção de redes neurais complexas.
- **PyTorch**: Conhecida por sua flexibilidade e dinamismo, facilitando a construção de modelos experimentais.
- **Caffe**: Muito usada para modelos de deep learning em aplicações industriais.

## Exemplo Prático: Classificação de Imagens com CNNs

Vamos construir um exemplo prático de uma CNN para classificação de imagens usando o conjunto de dados CIFAR-10, que contém 60.000 imagens de 10 classes.

1. **Importação das Bibliotecas e Conjunto de Dados:**

```python
import tensorflow as tf
from tensorflow.keras import datasets, layers, models

# Carregar o conjunto de dados CIFAR-10
(train_images, train_labels), (test_images, test_labels) = datasets.cifar10.load_data()

# Normalizar os pixels das imagens para o intervalo [0, 1]
train_images, test_images = train_images / 255.0, test_images / 255.0
```

2. **Construção da CNN:**

```python
model = models.Sequential([
    layers.Conv2D(32, (3, 3), activation='relu', input_shape=(32, 32, 3)),
    layers.MaxPooling2D((2, 2)),
    layers.Conv2D(64, (3, 3), activation='relu'),
    layers.MaxPooling2D((2, 2)),
    layers.Conv2D(64, (3, 3), activation='relu'),
    layers.Flatten(),
    layers.Dense(64, activation='relu'),
    layers.Dense(10)
])

# Compilar o modelo
model.compile(optimizer='adam',
              loss=tf.keras.losses.SparseCategoricalCrossentropy(from_logits=True),
              metrics=['accuracy'])
```

3. **Treinamento do Modelo:**

```python
model.fit(train_images, train_labels, epochs=10,
          validation_data=(test_images, test_labels))
```

4. **Avaliação do Modelo:**

```python
test_loss, test_acc = model.evaluate(test_images, test_labels, verbose=2)
print('\nTest accuracy:', test_acc)
```

Neste exemplo, criamos uma CNN para classificar imagens do conjunto de dados CIFAR-10, treinamos o modelo e avaliamos sua precisão.

## Conclusão

As redes neurais e o deep learning revolucionaram muitas áreas da tecnologia, desde a visão computacional até o processamento de linguagem natural. Com a compreensão básica das estruturas e processos envolvidos, você está preparado para explorar e aplicar essas poderosas ferramentas em diversos contextos. Nos próximos capítulos, abordaremos técnicas avançadas e suas implementações práticas, continuando nossa jornada para se tornar um especialista em IA.

# Capítulo 4: Algoritmos de Machine Learning

## Introdução aos Algoritmos de Machine Learning

Machine Learning (ML) é um campo da Inteligência Artificial que se concentra em desenvolver algoritmos que permitem que as máquinas aprendam com os dados. Estes algoritmos são fundamentais para construir modelos preditivos e análises avançadas. Neste capítulo, abordaremos alguns dos algoritmos mais utilizados, suas aplicações e exemplos práticos.

## Algoritmos Supervisionados

Algoritmos supervisionados são treinados em um conjunto de dados rotulado, onde a entrada está associada a uma saída desejada. Os principais tipos de algoritmos supervisionados incluem regressão e classificação.

### Regressão Linear

A regressão linear é um método simples, mas poderoso, para modelar a relação entre uma variável dependente contínua e uma ou mais variáveis independentes. A fórmula básica da regressão linear é y=mx+by = mx + by=mx+b, onde yyy é a variável dependente, xxx é a variável independente, mmm é o coeficiente angular e bbb é o intercepto.

**Exemplo Prático:** Prever o preço de uma casa com base em características como área, número de quartos e localização.

```python
from sklearn.linear_model import LinearRegression
import numpy as np

# Dados de exemplo
X = np.array([[1500, 3], [2500, 4], [1800, 3], [3000, 5]])  # Área e número de quartos
y = np.array([300000, 500000, 350000, 600000])  # Preços das casas

# Criação do modelo e ajuste
model = LinearRegression()
model.fit(X, y)

# Predição
new_house = np.array([[2000, 3]])
predicted_price = model.predict(new_house)
print(predicted_price)
```

### Árvores de Decisão

Árvores de decisão são modelos que dividem os dados em subconjuntos com base em condições em suas características, formando uma estrutura de árvore. São usadas tanto para tarefas de regressão quanto de classificação.

**Exemplo Prático**: Classificação de espécies de flores usando o conjunto de dados Iris.

```python
from sklearn.datasets import load_iris
from sklearn.tree import DecisionTreeClassifier

# Carregar dados
iris = load_iris()
X, y = iris.data, iris.target

# Criação do modelo e ajuste
clf = DecisionTreeClassifier()
clf.fit(X, y)

# Predição
new_sample = [[5.0, 3.6, 1.4, 0.2]]
predicted_class = clf.predict(new_sample)
print(predicted_class)
```

## Algoritmos Não Supervisionados

Algoritmos não supervisionados trabalham com dados não rotulados, tentando encontrar padrões ou agrupamentos nos dados. Os principais tipos de algoritmos não supervisionados incluem clustering e redução de dimensionalidade.

### K-means

K-means é um algoritmo de clustering que agrupa dados em $kkk$ clusters, onde cada ponto pertence ao cluster com o centroide mais próximo.

**Exemplo Prático**: Agrupamento de clientes com base em seus comportamentos de compra.

```python
from sklearn.cluster import KMeans

# Dados de exemplo
X = np.array([[1, 2], [1, 4], [1, 0], [10, 2], [10, 4], [10, 0]])

# Criação do modelo e ajuste
kmeans = KMeans(n_clusters=2)
kmeans.fit(X)

# Prever clusters
labels = kmeans.predict([[0, 0], [12, 3]])
print(labels)
```

## PCA (Análise de Componentes Principais)

PCA é uma técnica de redução de dimensionalidade que transforma dados em um novo sistema de coordenadas, onde as novas dimensões (componentes principais) são ortogonais e capturam a variância máxima nos dados.

**Exemplo Prático**: Redução de dimensionalidade de um conjunto de dados com muitas características.

```python
from sklearn.decomposition import PCA

# Dados de exemplo
X = np.array([[1, 2, 3], [4, 5, 6], [7, 8, 9], [10, 11, 12]])

# Criação do modelo e ajuste
pca = PCA(n_components=2)
X_reduced = pca.fit_transform(X)
print(X_reduced)
```

## Algoritmos de Reforço

Aprendizado por reforço é um tipo de aprendizado onde um agente aprende a tomar ações em um ambiente para maximizar uma recompensa cumulativa. Diferente de aprendizado supervisionado e não supervisionado, o aprendizado por reforço envolve interação com um ambiente dinâmico.

### Q-Learning

Q-Learning é um algoritmo de aprendizado por reforço que visa aprender a função de valor Q, que dá a qualidade de uma ação em um determinado estado. A função de valor é atualizada iterativamente com base na recompensa recebida e na estimativa do valor futuro.

**Exemplo Prático**: Treinamento de um agente para jogar um jogo simples, como o Labirinto.

```python
import numpy as np
import random

# Definir o ambiente
states = ["A", "B", "C", "D"]
actions = ["left", "right"]
q_table = np.zeros((len(states), len(actions)))

# Parâmetros de aprendizado
alpha = 0.1   # Taxa de aprendizado
gamma = 0.9   # Fator de desconto
epsilon = 0.1 # Taxa de exploração

# Função de recompensa
def get_reward(state, action):
    if state == "A" and action == "right":
        return 1
    elif state == "D" and action == "left":
        return 1
    elif state == "D" and action == "left":
        return 1
    else:
        return 0

# Treinamento
for episode in range(1000):
    state = random.choice(states)
    done = False
    while not done:
        if random.uniform(0, 1) < epsilon:
            action = random.choice(actions)  # Explorar
        else:
            action = actions[np.argmax(q_table[states.index(state)])]  # Exploitar

        reward = get_reward(state, action)
        next_state = "B" if action == "right" else "C"

        # Atualização Q-Table
        q_table[states.index(state), actions.index(action)] = q_table[states.index(state),
```

```
    if state == "D":
        done = True
    state = next_state

print(q_table)
```

## Conclusão

Os algoritmos de Machine Learning fornecem as ferramentas necessárias para resolver uma ampla gama de problemas, desde previsões de séries temporais até classificação de imagens e agrupamento de dados. Entender os princípios e a aplicação desses algoritmos é fundamental para qualquer especialista em IA. Nos capítulos seguintes, exploraremos técnicas avançadas e integrações com outras tecnologias, fortalecendo ainda mais suas habilidades em IA.

# Capítulo 5: Aplicações Avançadas de Inteligência Artificial

## Introdução

Nos capítulos anteriores, abordamos os fundamentos da Inteligência Artificial (IA), desde os conceitos básicos até os algoritmos de Machine Learning. Neste capítulo, exploraremos aplicações avançadas da IA que estão moldando indústrias e transformando a maneira como vivemos e trabalhamos. Discutiremos aplicações em áreas como saúde, finanças, transporte e entretenimento, demonstrando o impacto significativo da IA na sociedade moderna.

## IA na Saúde

A IA tem revolucionado a área da saúde ao proporcionar diagnósticos mais rápidos e precisos, tratamentos personalizados e uma melhor gestão hospitalar.

### Diagnóstico Médico

Os algoritmos de aprendizado profundo, especialmente as Redes Neurais Convolucionais (CNNs), têm sido usados para analisar imagens médicas e identificar doenças com alta precisão. Por exemplo, a IA pode detectar câncer de mama em mamografias ou pneumonia em radiografias de tórax.

**Exemplo Prático**: A Google Health desenvolveu um modelo de IA que detecta câncer de mama com precisão comparável a especialistas humanos, reduzindo falsos negativos e positivos.

### Medicina Personalizada

A análise de grandes volumes de dados genômicos permite a personalização de tratamentos médicos. Modelos de Machine Learning podem prever como diferentes pacientes responderão a determinados medicamentos, possibilitando tratamentos sob medida.

**Exemplo Prático**: O projeto "IBM Watson for Genomics" analisa dados genéticos para recomendar terapias personalizadas para pacientes com câncer.

## IA nas Finanças

A indústria financeira tem sido uma das maiores beneficiárias da IA, utilizando-a para prever tendências de mercado, detectar fraudes e automatizar processos financeiros.

### Previsão de Mercado

Modelos de IA, como as Redes Neurais Recorrentes (RNNs), são usados para analisar dados históricos e prever movimentos futuros do mercado financeiro. Estes modelos ajudam investidores a tomar decisões informadas.

**Exemplo Prático**: A empresa "Numerai" usa aprendizado de máquina para criar modelos que fazem previsões sobre o mercado de ações, incentivando cientistas de dados a contribuir com seus próprios modelos.

### Detecção de Fraude

A IA detecta padrões incomuns em transações financeiras, ajudando a identificar atividades fraudulentas. Algoritmos de Machine Learning, como florestas aleatórias e SVMs (Support Vector Machines), são amplamente usados para esta finalidade.

**Exemplo Prático**: A Mastercard utiliza IA para monitorar transações em tempo real e identificar possíveis fraudes, reduzindo significativamente as perdas financeiras.

## IA no Transporte

A IA está transformando a indústria de transporte, desde veículos autônomos até otimização de rotas e gestão de frotas.

### Veículos Autônomos

Carros autônomos utilizam uma combinação de sensores, câmeras, e algoritmos de IA para navegar e tomar decisões em tempo real. Empresas como Tesla, Waymo e Uber estão na vanguarda desta tecnologia.

**Exemplo Prático**: Os veículos da Waymo, uma subsidiária da Alphabet, utilizam IA para navegar de forma autônoma em ambientes urbanos, melhorando a segurança e a eficiência do transporte.

### Otimização de Rotas

Algoritmos de IA são usados para otimizar rotas de entrega, reduzindo custos e melhorando a eficiência. Sistemas de roteamento dinâmico ajustam as rotas em tempo real com base nas condições de trânsito.

**Exemplo Prático**: A UPS utiliza IA para otimizar rotas de entrega, economizando milhões de milhas de condução e reduzindo a emissão de carbono.

## IA no Entretenimento

A IA está transformando a indústria do entretenimento ao personalizar experiências e criar novos conteúdos.

### Recomendação de Conteúdo

Plataformas de streaming como Netflix e Spotify utilizam IA para recomendar filmes, séries e músicas com base nas preferências e comportamentos dos usuários.

**Exemplo Prático**: O algoritmo de recomendação da Netflix analisa dados de visualização para sugerir programas que os usuários provavelmente gostarão, aumentando o engajamento e a satisfação do cliente.

## Criação de Conteúdo

Algoritmos de IA estão sendo usados para criar novos conteúdos artísticos, desde músicas e pinturas até scripts de filmes. Modelos de IA como o GPT-4 da OpenAI são capazes de gerar textos que imitam estilos literários específicos.

**Exemplo Prático**: A empresa Amper Music utiliza IA para compor músicas originais, permitindo que criadores de conteúdo e músicos gerem novas faixas rapidamente.

## Conclusão

As aplicações avançadas de IA estão impactando uma ampla gama de indústrias, trazendo inovação e eficiência a setores tradicionais e emergentes. Compreender como a IA pode ser aplicada em diferentes contextos é crucial para se tornar um especialista em IA. Nos capítulos seguintes, exploraremos as tendências futuras da IA e como se manter atualizado em um campo em rápida evolução.

# Capítulo 6: Ferramentas e Tecnologias de IA

## Introdução

Para se tornar um especialista em Inteligência Artificial (IA), é essencial dominar diversas ferramentas e tecnologias que facilitam a criação, treinamento, e implementação de modelos de IA. Neste capítulo, discutiremos as principais plataformas, bibliotecas e frameworks que você precisará para desenvolver suas habilidades em IA. Além disso, apresentaremos exemplos práticos de uso dessas ferramentas em projetos reais.

## Plataformas de Desenvolvimento de IA

Plataformas de desenvolvimento de IA oferecem um ambiente integrado para criar, treinar e implantar modelos de aprendizado de máquina. Algumas das mais populares incluem:

### Google AI Platform

A Google AI Platform é uma solução escalável e flexível para criar, treinar e implantar modelos de aprendizado de máquina. Ela oferece integração com o TensorFlow e outras bibliotecas populares, além de suportar pipelines de ML e notebooks Jupyter.

**Exemplo Prático**: Treinamento de um modelo de classificação de imagens usando o Google AI Platform.

```python
# Exemplo de uso do AI Platform do Google
from google.cloud import aiplatform

# Inicializar o AI Platform
aiplatform.init(project='meu-projeto', location='us-central1')

# Criar um job de treinamento
job = aiplatform.CustomJob.from_local_script(
    display_name='treinamento-imagens',
    script_path='treinamento.py',
    container_uri='gcr.io/cloud-aiplatform/training/tf-cpu.2-2:latest',
    requirements=['tensorflow']
)

# Executar o job de treinamento
job.run()
```

# Microsoft Azure Machine Learning

O Azure Machine Learning da Microsoft fornece ferramentas poderosas para construção e implantação de modelos de ML. Ele permite a automação de pipelines de ML, gerencia experimentos e fornece serviços de inferência escaláveis.

**Exemplo Prático**: Criação de um pipeline de ML no Azure Machine Learning.

```python
# Exemplo de uso do Azure Machine Learning
from azureml.core import Workspace, Experiment
from azureml.train.automl import AutoMLConfig

# Conectar ao workspace
ws = Workspace.from_config()

# Configurar o experimento
experiment = Experiment(ws, 'experimento-ml')

# Configuração do AutoML
automl_config = AutoMLConfig(
    task='classification',
    primary_metric='accuracy',
    training_data=my_training_data,
    label_column_name='target',
    n_cross_validations=5
)

# Submeter o experimento
run = experiment.submit(automl_config)
```

# Amazon SageMaker

O Amazon SageMaker é um serviço totalmente gerenciado que permite aos desenvolvedores e cientistas de dados construir, treinar e implantar modelos de aprendizado de máquina rapidamente. Ele suporta várias bibliotecas de ML e oferece integração com o ecossistema AWS.

**Exemplo Prático**: Treinamento de um modelo de regressão linear no SageMaker.

```python
# Exemplo de uso do Amazon SageMaker
import sagemaker
from sagemaker import LinearLearner

# Inicializar sessão do SageMaker
sagemaker_session = sagemaker.Session()
role = 'sua-role-do-iam'

# Configurar o algoritmo de regressão linear
linear = LinearLearner(
    role=role,
    instance_count=1,
    instance_type='ml.m4.xlarge',
    predictor_type='regressor'
)

# Treinar o modelo
linear.fit({'train': 's3://seu-bucket/dados-treino.csv'})
```

## Bibliotecas e Frameworks de IA

Bibliotecas e frameworks são essenciais para o desenvolvimento de modelos de IA. Eles fornecem implementações de algoritmos, funções utilitárias e ferramentas para manipulação de dados. As mais utilizadas incluem:

### TensorFlow

TensorFlow é uma biblioteca de código aberto desenvolvida pelo Google, amplamente utilizada para a criação de modelos de aprendizado profundo. Ela suporta operações em tensores e oferece ferramentas para construção e treinamento de redes neurais complexas.

**Exemplo Prático**: Criação de uma rede neural simples com TensorFlow.

```python
import tensorflow as tf

# Definir a rede neural
model = tf.keras.Sequential([
    tf.keras.layers.Dense(128, activation='relu', input_shape=(784,)),
    tf.keras.layers.Dense(10, activation='softmax')
])

# Compilar o modelo
model.compile(optimizer='adam', loss='sparse_categorical_crossentropy', metrics=['accuracy'])

# Treinar o modelo
model.fit(train_images, train_labels, epochs=5)
```

## PyTorch

Desenvolvida pela Facebook AI Research, PyTorch é uma biblioteca de aprendizado profundo conhecida por sua flexibilidade e facilidade de uso. É amplamente utilizada em pesquisa e produção.

**Exemplo Prático**: Criação de uma rede neural simples com PyTorch.

```python
import torch
import torch.nn as nn
import torch.optim as optim

# Definir a rede neural
class Net(nn.Module):
    def __init__(self):
        super(Net, self).__init__()
        self.fc1 = nn.Linear(784, 128)
        self.fc2 = nn.Linear(128, 10)

    def forward(self, x):
        x = torch.relu(self.fc1(x))
        x = self.fc2(x)
        return x
```

```python
# Instanciar a rede e o otimizador
net = Net()
criterion = nn.CrossEntropyLoss()
optimizer = optim.Adam(net.parameters(), lr=0.001)

# Treinar o modelo
for epoch in range(5):
    optimizer.zero_grad()
    outputs = net(train_images)
    loss = criterion(outputs, train_labels)
    loss.backward()
    optimizer.step()
```

## Scikit-Learn

Scikit-Learn é uma biblioteca de aprendizado de máquina em Python que oferece ferramentas simples e eficientes para análise e modelagem de dados. É ideal para projetos de ML de pequeno e médio porte.

**Exemplo Prático**: Treinamento de um modelo de classificação com Scikit-Learn.

```python
from sklearn.datasets import load_iris
from sklearn.model_selection import train_test_split
from sklearn.ensemble import RandomForestClassifier
from sklearn.metrics import accuracy_score

# Carregar dados
iris = load_iris()
X, y = iris.data, iris.target

# Dividir os dados
X_train, X_test, y_train, y_test = train_test_split(X, y, test_size=0.2, random_state=42)

# Treinar o modelo
clf = RandomForestClassifier(n_estimators=100)
clf.fit(X_train, y_train)

# Fazer previsões e calcular acurácia
y_pred = clf.predict(X_test)
print(accuracy_score(y_test, y_pred))
```

# Ferramentas de Visualização de Dados

A visualização de dados é crucial para entender e comunicar os insights obtidos a partir dos modelos de IA. Ferramentas populares incluem:

## Matplotlib

Matplotlib é uma biblioteca de visualização de dados em Python que oferece uma ampla gama de funcionalidades para criar gráficos e visualizações.

**Exemplo Prático**: Criação de um gráfico de dispersão com Matplotlib.

```python
import matplotlib.pyplot as plt

# Dados de exemplo
x = [1, 2, 3, 4, 5]
y = [2, 3, 5, 7, 11]

# Criar o gráfico de dispersão
plt.scatter(x, y)
plt.xlabel('X')
plt.ylabel('Y')
plt.title('Gráfico de Dispersão')
plt.show()
```

## Seaborn

Seaborn é uma biblioteca de visualização de dados construída sobre Matplotlib que oferece uma interface de alto nível para criar gráficos estatísticos.

**Exemplo Prático**: Criação de um gráfico de distribuição com Seaborn.

```python
import seaborn as sns
import numpy as np

# Dados de exemplo
data = np.random.normal(size=1000)

# Criar o gráfico de distribuição
sns.histplot(data, kde=True)
plt.title('Gráfico de Distribuição')
plt.show()
```

## Plotly

Plotly é uma biblioteca de visualização de dados que permite a criação de gráficos interativos e complexos.

**Exemplo Prático**: Criação de um gráfico de linhas interativo com Plotly.

```python
import plotly.graph_objects as go

# Dados de exemplo
x = [1, 2, 3, 4, 5]
y = [2, 3, 5, 7, 11]

# Criar o gráfico de linhas interativo
fig = go.Figure(data=go.Scatter(x=x, y=y, mode='lines+markers'))
fig.update_layout(title='Gráfico de Linhas Interativo', xaxis_title='X', yaxis_title='Y')
fig.show()
```

## Conclusão

Dominar as ferramentas e tecnologias de IA é essencial para qualquer especialista na área. Neste capítulo, exploramos as principais plataformas de desenvolvimento, bibliotecas, frameworks e ferramentas de visualização de dados que você precisará para avançar na sua carreira em IA. No próximo capítulo, discutiremos as melhores práticas para implantar e gerenciar modelos de IA em ambientes de produção.

# Capítulo 7: Implementação e Gerenciamento de Modelos de IA em Produção

## Introdução

Desenvolver modelos de Inteligência Artificial (IA) é apenas uma parte do processo; garantir que esses modelos funcionem eficientemente em ambientes de produção é igualmente crucial. Neste capítulo, exploraremos as melhores práticas para implementar e gerenciar modelos de IA em produção, abordando aspectos como escalabilidade, monitoramento, atualização e segurança. Discutiremos também ferramentas e estratégias que facilitam a transição de um modelo de desenvolvimento para um ambiente de produção robusto e confiável.

## Escalabilidade

A escalabilidade é fundamental para lidar com o aumento de dados e o crescimento das demandas de processamento. Um sistema escalável pode expandir sua capacidade de forma eficiente e econômica.

## Implementação em Nuvem

Utilizar serviços de nuvem, como Amazon Web Services (AWS), Google Cloud Platform (GCP) e Microsoft Azure, permite escalonar facilmente os recursos computacionais conforme necessário.

**Exemplo Prático**: Implementação de um modelo em Amazon SageMaker.

```python
import sagemaker
from sagemaker.tensorflow import TensorFlowModel

# Inicializar sessão do SageMaker
sagemaker_session = sagemaker.Session()
role = 'sua-role-do-iam'

# Configurar o modelo
model = TensorFlowModel(
    model_data='s3://seu-bucket/modelo.tar.gz',
    role=role,
    framework_version='2.3'
)

# Desplegar o modelo
predictor = model.deploy(
    initial_instance_count=1,
    instance_type='ml.m4.xlarge'
)
```

## Kubernetes e Docker

O uso de contêineres Docker e orquestração com Kubernetes oferece uma solução robusta para escalabilidade. Eles permitem a implantação consistente e a fácil escalabilidade dos serviços de IA.

**Exemplo Prático**: Desplegar um modelo em um cluster Kubernetes.

```yaml
# Exemplo de um arquivo de implantação Kubernetes
apiVersion: apps/v1
kind: Deployment
metadata:
  name: modelo-deploy
spec:
  replicas: 3
  selector:
    matchLabels:
      app: modelo-app
  template:
    metadata:
      labels:
        app: modelo-app
    spec:
      containers:
      - name: modelo-container
        image: seu-repositorio/modelo:latest
        ports:
        - containerPort: 80
```

## Monitoramento

Monitorar os modelos de IA em produção é essencial para garantir que eles continuem a fornecer previsões precisas e detectar problemas antes que afetem os usuários finais.

### Monitoramento de Desempenho

Ferramentas como Prometheus e Grafana podem ser usadas para monitorar o desempenho dos modelos, incluindo latência, taxa de erro e uso de recursos.

**Exemplo Prático**: Configuração básica do Prometheus para monitorar um modelo.

```yaml
# Exemplo de configuração Prometheus
global:
  scrape_interval: 15s

scrape_configs:
  - job_name: 'modelo-job'
    static_configs:
      - targets: ['localhost:9090']
```

## Monitoramento de Desvios

É importante monitorar desvios no desempenho do modelo devido a mudanças nos dados de entrada ao longo do tempo. Ferramentas como Alibi Detect ajudam a identificar desvios e anomalias nos dados.

**Exemplo Prático**: Uso do Alibi Detect para detectar desvios.

```python
from alibi_detect.cd import TabularDrift
import numpy as np

# Dados de referência e novos dados
reference_data = np.random.normal(0, 1, (1000, 10))
new_data = np.random.normal(0, 1, (100, 10))

# Inicializar o detector de desvios
cd = TabularDrift(reference_data, p_val=.05)

# Detectar desvios
preds = cd.predict(new_data)
print(preds['data']['is_drift'])
```

## Atualização e Manutenção

Manter modelos de IA atualizados é crucial para garantir sua relevância e precisão contínuas.

### Treinamento Contínuo

O treinamento contínuo permite que os modelos sejam regularmente atualizados com novos dados. Ferramentas como TFX (TensorFlow Extended) automatizam pipelines de ML, incluindo o retraining dos modelos.

**Exemplo Prático**: Configuração de um pipeline de treinamento contínuo com TFX.

```python
import tensorflow as tf
import tfx
from tfx.components import CsvExampleGen, Trainer, Pusher
from tfx.orchestration.experimental.interactive.interactive_context import InteractiveContext

# Configurar o contexto
context = InteractiveContext()

# Definir componentes do pipeline
example_gen = CsvExampleGen(input_base='dados/')
trainer = Trainer(module_file='treinamento.py', examples=example_gen.outputs['examples'])
pusher = Pusher(model=trainer.outputs['model'], push_destination='serving/')

# Executar o pipeline
context.run(pipeline=[example_gen, trainer, pusher])
```

## Segurança

A segurança é uma consideração crítica ao implementar modelos de IA, garantindo que dados sensíveis sejam protegidos e que os modelos não sejam comprometidos.

**Proteção de Dados**

Implementar criptografia de dados em trânsito e em repouso é essencial. Serviços de nuvem oferecem ferramentas integradas para criptografia e gerenciamento de chaves.

**Exemplo Prático**: Uso da criptografia em AWS S3.

```python
import boto3

# Inicializar o cliente S3
s3 = boto3.client('s3')

# Carregar um arquivo criptografado
s3.upload_file(
    Filename='dados.csv',
    Bucket='seu-bucket',
    Key='dados.csv',
    ExtraArgs={'ServerSideEncryption': 'AES256'}
)
```

## Segurança de Modelos

Garantir a integridade dos modelos inclui a verificação de assinaturas digitais e a implementação de controles de acesso rigorosos.

**Exemplo Prático**: Assinatura de um modelo com uma chave privada.

```python
from cryptography.hazmat.primitives import hashes
from cryptography.hazmat.primitives.asymmetric import padding, rsa
from cryptography.hazmat.primitives import serialization

# Gerar chaves RSA
private_key = rsa.generate_private_key(
    public_exponent=65537,
    key_size=2048
)
public_key = private_key.public_key()

# Assinar o modelo
model_bytes = b'conteudo_do_modelo'
signature = private_key.sign(
    model_bytes,
    padding.PSS(
        mgf=padding.MGF1(hashes.SHA256()),
        salt_length=padding.PSS.MAX_LENGTH
    ),
    hashes.SHA256()
)

# Verificar a assinatura
public_key.verify(
    signature,
    model_bytes,
    padding.PSS(
        mgf=padding.MGF1(hashes.SHA256()),
        salt_length=padding.PSS.MAX_LENGTH
    ),
    hashes.SHA256()
)
```

## Conclusão

Implementar e gerenciar modelos de IA em produção requer uma combinação de boas práticas e ferramentas adequadas. A escalabilidade, monitoramento, atualização contínua e segurança são aspectos críticos para garantir que os modelos operem de maneira eficiente e segura. No próximo capítulo, exploraremos as tendências emergentes na IA e como você pode se manter atualizado em um campo que está em constante evolução.

# Capítulo 8: Ética e Responsabilidade na Inteligência Artificial

## Introdução

À medida que a Inteligência Artificial (IA) se torna cada vez mais integrada em nossa sociedade, a ética e a responsabilidade associadas ao seu desenvolvimento e implementação tornam-se questões cruciais. Este capítulo aborda os princípios éticos fundamentais que devem orientar o trabalho com IA, os desafios éticos específicos que surgem com o uso dessa tecnologia e as estratégias para garantir que os sistemas de IA sejam desenvolvidos e utilizados de maneira responsável e justa.

## Princípios Éticos Fundamentais

A ética na IA deve ser guiada por vários princípios fundamentais que garantem a segurança, justiça e bem-estar de todos os indivíduos afetados pela tecnologia.

### Transparência

A transparência envolve tornar os processos e decisões de IA compreensíveis para os usuários. Isso inclui a explicação clara de como os modelos de IA tomam decisões e quais dados são utilizados.

**Exemplo Prático**: Um sistema de IA utilizado para aprovações de empréstimos deve ser capaz de explicar as razões para a aprovação ou negação de um pedido, fornecendo detalhes sobre os fatores considerados e os pesos atribuídos a cada um.

### Justiça e Não Discriminação

Os sistemas de IA devem ser projetados para evitar vieses e discriminação. É essencial que os dados de treinamento e os algoritmos sejam revisados para identificar e mitigar vieses que possam levar a resultados injustos.

**Exemplo Prático**: Um algoritmo de recrutamento deve ser treinado com um conjunto de dados diversificado e balanceado para garantir que não favoreça ou prejudique candidatos com base em raça, gênero ou outras características protegidas.

### Privacidade

A proteção da privacidade dos usuários é vital. Os sistemas de IA devem aderir a regulamentações de proteção de dados, como o GDPR na Europa, e implementar medidas rigorosas de segurança para proteger informações sensíveis.

**Exemplo Prático**: Aplicativos de saúde que utilizam IA devem garantir que os dados dos pacientes sejam anonimizados e armazenados com segurança para prevenir acessos não autorizados.

### Beneficência e Não Maleficência

Os sistemas de IA devem ser projetados para promover o bem-estar dos usuários e evitar causar danos. Este princípio exige uma avaliação cuidadosa dos potenciais impactos negativos e positivos da tecnologia.

**Exemplo Prático**: Um sistema de diagnóstico médico assistido por IA deve ser rigorosamente testado para garantir sua precisão e reduzir o risco de diagnósticos incorretos que possam prejudicar os pacientes.

## Desafios Éticos na IA

Apesar dos princípios éticos estabelecidos, a implementação prática de sistemas de IA apresenta vários desafios éticos que precisam ser abordados.

### Vieses Algorítmicos

Os vieses algorítmicos podem surgir de dados de treinamento tendenciosos ou da forma como os algoritmos são construídos. Esses vieses podem resultar em discriminação e injustiça.

**Exemplo Prático**: Sistemas de reconhecimento facial têm demonstrado maior precisão para rostos de pessoas brancas em comparação com pessoas de cor, destacando a necessidade de conjuntos de dados diversificados e representativos.

### Autonomia e Controle

A crescente autonomia dos sistemas de IA levanta questões sobre a perda de controle humano e a responsabilidade por decisões automatizadas.

**Exemplo Prático**: Veículos autônomos devem ser programados para tomar decisões em situações de emergência, mas isso levanta questões sobre a responsabilidade em caso de acidentes e como essas decisões são priorizadas.

### Transparência de Caixa Preta

Muitos modelos de IA, especialmente redes neurais profundas, funcionam como "caixas pretas", onde o processo de tomada de decisão não é facilmente interpretável.

**Exemplo Prático**: Um modelo de IA utilizado para previsões financeiras pode ser altamente preciso, mas se seus processos decisórios não forem transparentes, pode ser difícil identificar erros ou vieses.

## Estratégias para uma IA Ética e Responsável

Para garantir o desenvolvimento e a implementação ética da IA, várias estratégias podem ser adotadas.

### Auditorias e Revisões Independentes

Realizar auditorias regulares e revisões independentes dos sistemas de IA pode ajudar a identificar e corrigir problemas éticos antes que causem danos significativos.

**Exemplo Prático**: Empresas de tecnologia podem contratar auditores externos para revisar seus algoritmos e processos de dados, garantindo conformidade com os padrões éticos e regulatórios.

### Participação e Inclusão

Incluir uma diversidade de vozes no desenvolvimento de IA, incluindo representantes de grupos minoritários e marginalizados, pode ajudar a mitigar vieses e promover a justiça.

**Exemplo Prático:** Formar comitês de ética que incluam membros de diferentes origens culturais, raciais e profissionais para revisar os impactos sociais dos sistemas de IA desenvolvidos.

### Educação e Treinamento

Educar desenvolvedores e usuários sobre os princípios éticos e os riscos associados à IA é crucial para a criação de uma cultura de responsabilidade.

**Exemplo Prático:** Oferecer treinamentos regulares em ética e conformidade para equipes de desenvolvimento e garantir que todos os funcionários entendam as implicações éticas de seu trabalho com IA.

### Conclusão

A ética e a responsabilidade na IA são essenciais para garantir que esta poderosa tecnologia seja utilizada de maneira benéfica e justa. Ao aderir a princípios éticos fundamentais e enfrentar os desafios éticos com estratégias proativas, podemos desenvolver sistemas de IA que promovam o bem-estar e a justiça para todos. No próximo capítulo, exploraremos estudos de caso que ilustram tanto os sucessos quanto os fracassos na implementação ética da IA, fornecendo lições valiosas para futuros desenvolvimentos.

# Capítulo 9: Estudo de Caso – Implementações de IA no Mundo Real

## Introdução

Os estudos de caso são essenciais para entender como a Inteligência Artificial (IA) pode ser aplicada de maneira prática e os desafios enfrentados durante sua implementação. Neste capítulo, examinaremos diversos estudos de caso que ilustram tanto o sucesso quanto os fracassos na adoção de IA em diferentes setores. Analisaremos o impacto dessas implementações, as lições aprendidas e as melhores práticas derivadas dessas experiências.

## Estudo de Caso 1: IA na Saúde – Diagnóstico de Doenças

### Contexto

Um hospital de referência utilizou IA para auxiliar no diagnóstico de doenças raras. O objetivo era reduzir o tempo necessário para identificar condições complexas e melhorar a precisão dos diagnósticos.

### Implementação

Utilizando uma combinação de redes neurais profundas e aprendizado supervisionado, o hospital desenvolveu um sistema que analisava grandes volumes de dados médicos, incluindo históricos de pacientes, resultados de exames laboratoriais e imagens médicas.

**Exemplo Prático**: Implementação de uma rede neural para diagnóstico de câncer de mama.

```python
import tensorflow as tf
from tensorflow.keras.models import Sequential
from tensorflow.keras.layers import Dense, Conv2D, MaxPooling2D, Flatten

# Definir o modelo
model = Sequential([
    Conv2D(32, (3, 3), activation='relu', input_shape=(64, 64, 3)),
    MaxPooling2D((2, 2)),
    Flatten(),
    Dense(128, activation='relu'),
    Dense(1, activation='sigmoid')
])

# Compilar o modelo
model.compile(optimizer='adam', loss='binary_crossentropy', metrics=['accuracy'])

# Treinar o modelo
model.fit(train_images, train_labels, epochs=10, validation_split=0.2)
```

## Resultados

O sistema de IA reduziu significativamente o tempo de diagnóstico e aumentou a precisão dos diagnósticos em cerca de 20%. No entanto, também foram identificados desafios, como a necessidade de dados de alta qualidade e a importância de garantir a interpretabilidade dos resultados para os médicos.

## Lições Aprendidas

- **Importância da Qualidade dos Dados**: Dados precisos e bem anotados são essenciais para treinar modelos eficazes.
- **Interpretação Humana**: Mesmo com sistemas de IA avançados, a interpretação humana continua sendo crucial para validar os resultados e tomar decisões finais.

## Estudo de Caso 2: IA no Setor Financeiro – Prevenção de Fraudes

### Contexto

Um banco multinacional implementou IA para detectar e prevenir fraudes em tempo real. A meta era identificar transações fraudulentas rapidamente e reduzir as perdas financeiras.

### Implementação

Foram utilizados algoritmos de aprendizado de máquina supervisionado e não supervisionado para analisar padrões de transações e identificar comportamentos suspeitos.

**Exemplo Prático**: Uso de aprendizado de máquina para detectar fraudes em transações.

```python
from sklearn.ensemble import IsolationForest

# Treinar o modelo de detecção de anomalias
model = IsolationForest(n_estimators=100, contamination=0.01)
model.fit(transaction_data)

# Prever fraudes
fraud_predictions = model.predict(new_transaction_data)
```

### Resultados

O sistema de IA conseguiu identificar fraudes com uma taxa de precisão de 95%, reduzindo significativamente as perdas financeiras. No entanto, houve um aumento inicial de falsos positivos, o que exigiu ajustes nos modelos e melhores estratégias de validação.

## Lições Aprendidas

- **Ajuste Contínuo**: É necessário ajustar continuamente os modelos de IA para melhorar a precisão e reduzir falsos positivos.
- **Colaboração Humana**: Analistas humanos ainda são essenciais para revisar alertas e tomar decisões finais sobre ações a serem tomadas.

## Estudo de Caso 3: IA na Indústria Automotiva – Veículos Autônomos

### Contexto

Uma empresa de tecnologia desenvolveu veículos autônomos para melhorar a segurança nas estradas e oferecer alternativas de transporte eficientes.

### Implementação

Os veículos autônomos utilizavam uma combinação de visão computacional, aprendizado por reforço e redes neurais para navegação e tomada de decisões em tempo real.

**Exemplo Prático**: Implementação de aprendizado por reforço para navegação de veículos autônomos.

```python
import gym
import numpy as np
from keras.models import Sequential
from keras.layers import Dense
from keras.optimizers import Adam

# Criar o ambiente
env = gym.make('CarRacing-v0')

# Definir o modelo de aprendizado por reforço
model = Sequential([
    Dense(24, input_dim=env.observation_space.shape[0], activation='relu'),
    Dense(24, activation='relu'),
    Dense(env.action_space.n, activation='linear')
])

model.compile(loss='mse', optimizer=Adam(lr=0.001))

# Treinar o modelo (exemplo simplificado)
for episode in range(100):
    state = env.reset()
    for step in range(500):
        action = model.predict(state)
        next_state, reward, done, _ = env.step(action)
        state = next_state
        if done:
            break
```

## Resultados

Os veículos autônomos conseguiram navegar com segurança em uma variedade de condições de tráfego e climáticas. No entanto, houve incidentes que destacaram a necessidade de melhorar a detecção de obstáculos e a resposta a situações imprevistas.

## Lições Aprendidas

- **Segurança em Primeiro Lugar**: A segurança deve ser a prioridade máxima em todas as fases do desenvolvimento e implementação.
- **Resposta a Situações Imprevisíveis**: É crucial desenvolver algoritmos que possam lidar com situações imprevistas de maneira segura.

## Conclusão

Os estudos de caso analisados mostram que a implementação de IA no mundo real oferece grandes benefícios, mas também apresenta desafios significativos. A qualidade dos dados, a necessidade de ajuste contínuo dos modelos e a colaboração humana são fatores críticos para o sucesso. No próximo capítulo, exploraremos as tendências futuras na IA e como se preparar para as próximas evoluções nesta área dinâmica.

# Capítulo 10: Tendências Futuras na Inteligência Artificial

## Introdução

À medida que a Inteligência Artificial (IA) continua a evoluir, novas tendências estão moldando o futuro desta tecnologia. Neste capítulo, exploraremos algumas das tendências emergentes mais promissoras na IA e como elas estão redefinindo diversos setores. Analisaremos também as implicações dessas tendências para os profissionais de TI e consultores, oferecendo insights sobre como se preparar para o futuro da IA.

## Tendências Emergentes na IA

### IA Explicável (XAI)

Uma das principais críticas à IA atual é a sua natureza de "caixa preta", onde as decisões dos modelos são difíceis de entender e interpretar. A IA explicável (XAI) busca resolver esse problema, tornando os modelos mais transparentes e compreensíveis.

**Exemplo Prático**: Ferramentas como LIME (Local Interpretable Model-agnostic Explanations) e SHAP (SHapley Additive exPlanations) estão sendo desenvolvidas para fornecer explicações claras sobre como os modelos de IA tomam decisões.

```python
import shap

# Treinar modelo de exemplo
model = train_model(data)

# Explicar previsões usando SHAP
explainer = shap.Explainer(model)
shap_values = explainer(data)
shap.summary_plot(shap_values, data)
```

### IA Ética e Responsável

Conforme discutido no capítulo anterior, a ética na IA é uma área crucial de foco. Futuramente, espera-se que haja uma ênfase ainda maior em garantir que os sistemas de IA sejam desenvolvidos e usados de maneira ética e responsável.

**Exemplo Prático**: Empresas como Google e Microsoft estão criando comitês de ética para revisar seus projetos de IA e garantir que atendam aos padrões éticos.

### IA com Aprendizado Contínuo

Tradicionalmente, os modelos de IA são treinados em um conjunto fixo de dados. No entanto, a IA com aprendizado contínuo, ou aprendizado ao longo da vida, permite que os modelos se adaptem e aprendam continuamente com novos dados.

**Exemplo Prático**: Algoritmos de aprendizado contínuo são utilizados em sistemas de recomendação, como os da Netflix e Amazon, que atualizam suas recomendações com base no comportamento e preferências em tempo real dos usuários.

## IA e IoT (Internet das Coisas)

A integração de IA com IoT está criando sistemas inteligentes capazes de coletar, analisar e agir sobre dados em tempo real. Essa combinação está sendo usada para otimizar operações em várias indústrias, incluindo manufatura, saúde e transporte.

**Exemplo Prático**: Em fábricas inteligentes, sensores IoT coletam dados em tempo real sobre máquinas e processos, enquanto algoritmos de IA analisam esses dados para prever falhas e otimizar a produção.

## IA em Edge Computing

O edge computing, ou computação de borda, permite o processamento de dados próximos à fonte de dados, em vez de depender de centros de dados centralizados. Isso melhora a velocidade e eficiência, e a integração de IA no edge computing está se tornando cada vez mais comum.

**Exemplo Prático**: Em veículos autônomos, algoritmos de IA processam dados em tempo real nos próprios veículos, permitindo respostas rápidas e seguras a situações de trânsito.

## IA Colaborativa

A IA colaborativa envolve a interação entre humanos e sistemas de IA para alcançar resultados superiores. Esses sistemas são projetados para trabalhar em parceria com humanos, aproveitando o melhor das capacidades de ambos.

**Exemplo Prático**: Em ambientes de trabalho, assistentes de IA como o Microsoft Cortana e o Google Assistant ajudam os funcionários a gerenciar suas tarefas diárias, fornecer insights e automatizar processos rotineiros.

## Preparação para o Futuro da IA

Para os profissionais de TI e consultores, é essencial estar preparado para essas tendências emergentes. Aqui estão algumas estratégias para se manter atualizado e competitivo no campo da IA:

## Educação e Treinamento Contínuos

Participar de cursos e treinamentos contínuos sobre as novas tecnologias e metodologias de IA é crucial. Plataformas como Coursera, edX e Udacity oferecem cursos especializados em IA e aprendizado de máquina.

## Participação em Comunidades e Conferências

Engajar-se com comunidades de IA, participar de conferências e workshops são ótimas maneiras de ficar por dentro das últimas novidades e tendências. Eventos como NeurIPS, ICML e AAAI são excelentes oportunidades para aprender e fazer networking.

## Implementação de Projetos Práticos

Aplicar os conhecimentos adquiridos em projetos práticos é uma das melhores maneiras de aprender. Trabalhar em projetos do mundo real ajuda a entender os desafios e as soluções práticas na implementação de IA.

## Leitura de Publicações e Artigos Acadêmicos

Manter-se atualizado com as últimas pesquisas lendo publicações e artigos acadêmicos é essencial. Plataformas como arXiv e Google Scholar são recursos valiosos para encontrar os estudos mais recentes em IA.

## Conclusão

As tendências emergentes na IA estão moldando o futuro da tecnologia e oferecendo novas oportunidades e desafios. Para os profissionais de TI e consultores, estar preparado para essas mudanças é crucial para o sucesso contínuo. No próximo capítulo, exploraremos como a IA pode ser usada para impulsionar a inovação e a eficiência em diferentes setores, fornecendo exemplos práticos e estratégias para implementação eficaz.

www.ingramcontent.com/pod-product-compliance
Lightning Source LLC
Chambersburg PA
CBHW072055230526
45479CB00010B/1093